SLOIK NG
SPUENT
WORLLEN
S OIMSE
PIOEN
BIE
SYKAASI
VIRAHMINNGKAMUA
SAMILE
SLOVNIVIL
ALOAMAG
VIIAE KOPWAIMMEN
MMMN
KKWIN

I0568687

SLOIKNG
SVKIASI
WIISKM
SAMILE SLOVNIVL
SKLYOMEMAN

SLOIK NG
WORLLEN
SKLYOMEMAN
SYKAASI
VIMMIODAGEN
WIISKM
SAMILE
SLOVNIVIL
VIRABMINNGKAMUA
WISKKWIN

NAR
390222
WSTIMENN
VISAGE
SKOCINT
SNED WY
WSMGAEG

VIK GIATI

12

SNOVL IR'GE
STAME
VONMANE WIEMENG
SKIWIALEUNT
VINTGINAKINE
SAKMAN
SKISIIKML
MAI
SOIKIKSWING
VIKSKEE
SKKINL
vinrtloaqae

KKASWIN
STAME
SNOVL URGE
VONMANEWIEMENG
SKIMALEUNI
VIKTOMCHI
VIKTGINAKINE
SAKMAN
Viktine Wornec
SKISIKML
SVAIG
MAMI
SOIKIKSWING
VISKEE
SKKINL
SIISKINGI

SKI

VINA
POII
HPIE
SKJSNAG
WASKNG
SNOK
FLLSWESWOINE
MOISNOWINI

MOISHOWIN
MORI-VIMEEAG
SHOWACE
SVOBMAE
SIKCASEIAG

1

STIIIINE
MOGLIL
MOGGALL
STIKWIISGE
MOGGLIG
MOUIGANGL
SKAIIIS
YOSKANAG
VIMAGE VOME
VINTTAGE
WIMMANCE
REFSTIME
MISTMAN FAUEN
SIKEN VANINGS

MOGL1L
MOGGLIG
MOUIGANGL
STIKWIISGE
XO SKANAG
VIMAGE VOME
VINTTAGE
VIMMANCE
SKAIRIS

STIIIINE
SKIFEWIMGE
FIONNGEIG
MOGL1L
MOGGALL
SOKMIGN
VIIIOIKANS
STIKWIISGE
MOGGLIG
MOUIGANGL
CHINGES
SI MAANE
SHASMNMNG
Warterbwinpe cont
XO SKANAG
SKAIRIIS
VIMAGE VOMME
VINTTAGE
VIMMANCE
SKOWINGLEINGI
REFSTIMG
MISTMAN FAUEN
SIKEN WARINGS

SAKIIWWIEGE
DAMGE
SPIMEE
RANES
VIORSLWGE
SNOLCMMEN
AILLPIE ALLIIE
SKOING
SO
SKOEEG
KIRIENT
SKHEEL
VOMRAN WAM
SKHIS
VAMAE
YIRESIMENTE
VIRTEE
SPROWEESE

SAKIIWWIEGE
SKKLINE WOMN
VIIMNEN VIIMEN
ANOLIEES
SKPI
VIORSLWGE
SNOLCMMEN
SKOKING
AILLPIE ALLIIE
VOMRAN WAMIING
SKHISI
SKOEEG
KIRIENT
VAMAE
VIRTEE
STROWEESE
SKIDEL SKHING

SLOIK NG
WORLLEN
S OIMSE
PIOEN
Wiisge
S J Y
SYVKIAST
VIRAHMINNGKAMUA
ALOAMAG
VIIFAE KOPWAIMMEN
MMMN
SKKWIN

SLOIKNG
SYKIASI
WIISKM
SAMILE SLOVNVIL

SLOIK NG
SCIIN'S SKOMOWIENING
SKLYOMEMAN
WORLLEN
SOIMSE
PIOEN
BIE
NJOU
SYKAASI
S SI
VIMMTODAGEN
SJY
SKCIIIN
VOM⊥IN
VIRAHMINNGKAMUA
SAWILE
SLOVNIVIL
WIISKM
OMMMN
WISKKWIN
VIIFAE KOPWAIMMEN

NAR
SINA
390222
WOISKAIACIIN
WSTIMENN
VISAGE
SKOCIINT

VIK

12

SNOVL IRGE
KKASWI
STAME
VONMANE WIEMENG
SKIWIALEINI
VINTGINAKINE
SAKMAN
SKISLIKML
MAMI
SOIKIKSWING
VISKEE
SKKINL
KKASWI

KKASWIN
STAME
SNOVL IRGE
VONMANI WIEMENG
VIKTOMIGI
VINTGINAKINE
SAKMAN
SKISKHL
VAIG
MAI
SOIKIKSWING
VISKEE
SIISKINGI

SKI
SKI
SKI
SKI
SKI
SKI
SKI
SKI
SKI
SKI
SKI
SKI

VINA
POII
HOIE
SKJSNAG
WASKNG
WOMIERINE VHORTKIRN
SNOK
FLLSWESWOINE
1921
WOTIMAINE
SKIINEE
MOISKOWIN
RON SOLMIMISG SKII

SKOKI'NE KINE
STOSTIAIMVAGE
VOMPCIIMF
MOISNOWINI
MORIVIMEEAG
WOTIMAINE SKIINLE
SHOWFACE
SVOBMAE
SIKCASEIAG
RON SOLMIMIG SKII
VOKAGKEITMG

1

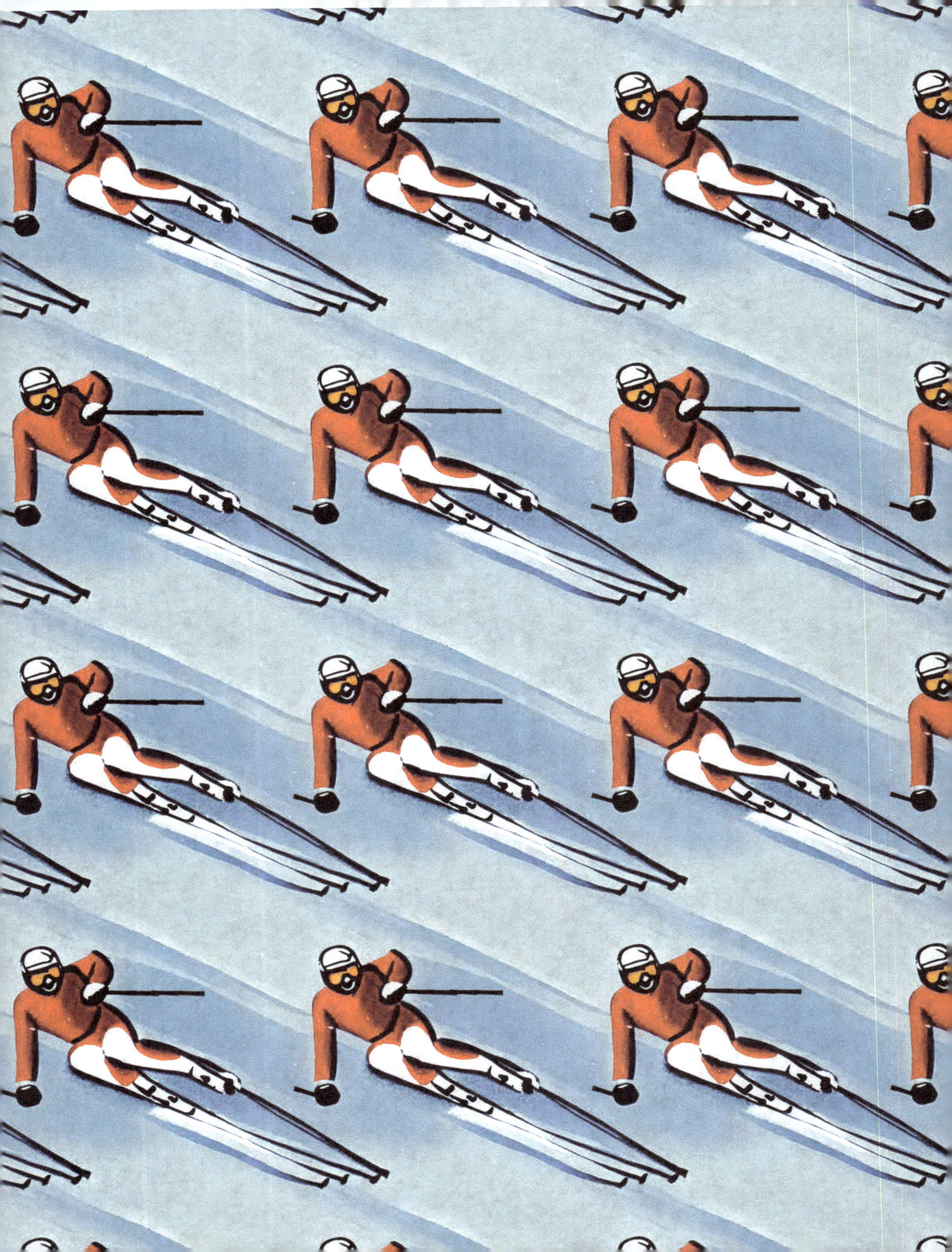

STIIIINE
MOGLIL
MOGGALL
STIKWIISGE
MOGLLG
MOUIGANGL
YO SKANAG
VIMAGE VOME
VINTTAGE
WIMMANCE
SKOWINGLEING
REFSTIMF
MISTMAN FAUEN
SIKEN WANINGS

STIHINE
SKIEWIMGE FONNGEKG
MOGL1L
SOKMIGN VIIDIKAN'S
STIKWIISGE
MOGGLIG
MOUIGANGL
VINE KIMCE
SKAIRIUS
YOSKANAG
VIMAGE VOME
VINTTAGE VIMMANCE
SKOLINGLING
REFSTIM MISTMAN FAUEN SIKEN WANNOS

MOGLIL
MOGGLLG
MOUIGANGL
STIKWIISGE
XO SKANAG
VIMAGE VOME
VINTTAGE
SKAIRIIS

SAKIIWWIEGE
SKKLINE WOMN
VIORSLWGE
SNOLCMMEN
AILLPPIE ALLIIE
SKOKING
SO
SKOEEG
KIRIENT
VOMRAN WAM
SKHIS
VAMAE
SPRWEESE
YIRESIMENTE
VIRTEE
SKIPEL
SKIING

SAKIIWWIEGE
ANOLIEES
SKPI
VIORSLWGE
SNOLCMMEN
AILLPPIE ALLIE
SKOKING
SKOEEG KIRIENT
VAMAE
YIRBSIMENTE
VIRTEE
SKRLINE WOMN